São José

Elam de Almeida Pimentel

São José

Invocado para proteção dos lares, dos trabalhadores e dos desempregados

Novena e ladainha

Petrópolis

© 2014, Editora Vozes Ltda.
Rua Frei Luís, 100
25689-900 Petrópolis, RJ
www.vozes.com.br
Brasil

1ª edição, 2014.

4ª reimpressão, 2024.

Todos os direitos reservados. Nenhuma parte desta obra poderá ser reproduzida ou transmitida por qualquer forma e/ou quaisquer meios (eletrônico ou mecânico, incluindo fotocópia e gravação) ou arquivada em qualquer sistema ou banco de dados sem permissão escrita da editora.

Conselho editorial	Produção editorial
Diretor	Aline L.R. de Barros
Volney J. Berkenbrock	Marcelo Telles
	Mirela de Oliveira
Editores	Otaviano M. Cunha
Aline dos Santos Carneiro	Rafael de Oliveira
Edrian Josué Pasini	Samuel Rezende
Marilac Loraine Oleniki	Vanessa Luz
Welder Lancieri Marchini	Verônica M. Guedes
Conselheiros	**Conselho de projetos editoriais**
Elói Dionísio Piva	Luísa Ramos M. Lorenzi
Francisco Morás	Natália França
Gilberto Gonçalves Garcia	Priscilla A.F. Alves
Ludovico Garmus	
Teobaldo Heidemann	
Secretário executivo	
Leonardo A.R.T. dos Santos	

Editoração: Maria da Conceição B. de Sousa
Diagramação: Sheilandre Desenv. Gráfico
Capa: Omar Santos

ISBN 978-85-326-4719-1

Este livro foi composto e impresso pela Editora Vozes Ltda.

Sumário

1 Apresentação, 7
2 Histórico da vida de São José, 9
3 Novena de São José, 12
   1º dia, 12
   2º dia, 14
   3º dia, 15
   4º dia, 17
   5º dia, 18
   6º dia, 19
   7º dia, 21
   8º dia, 22
   9º dia, 23
4 Orações a São José, 25
5 Ladainha de São José, 28
6 Terço de São José, 32

Apresentação

São José, esposo de Maria e pai adotivo de Jesus, é um dos santos mais populares da Igreja Católica. Ele aceitou a mensagem divina recebida em um sonho, na qual um anjo lhe disse que Maria esperava um filho de Deus e que deveria se chamar Jesus.

São José é considerado o "protetor das famílias" e o "padroeiro dos carpinteiros", por ter exercido essa profissão durante toda a sua vida. Também é conhecido como "o santo dos trabalhadores". É tradição no Brasil, no dia 1º de maio, a bênção de carteiras de trabalho para não faltar emprego. Suas festas comemorativas são nos dias 19 de março e 1º de maio (São José Operário).

Este pequeno livro contém a novena, as orações e a ladainha de São José. Durante os dias da novena os devotos refletirão sobre passagens bíblicas, seguidas de uma oração para o pedido da graça especial, acompanhada de um Pai-nosso, uma Ave-Maria e um Glória-ao-Pai.

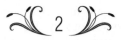

Histórico da vida de São José

José era descendente de Davi, rei de Israel. Os profetas do Antigo Testamento diziam que o Messias (Jesus) faria parte dessa linhagem real. Uma das missões de José seria dar o nome de Jesus ao filho que iria criar, para que as profecias fossem cumpridas.

A Bíblia não apresenta muitos detalhes sobre a vida de José. Diz a tradição que ele era um homem simples, muito religioso, que trabalhava com móveis, prateleiras, entalhava madeira, provavelmente um carpinteiro. Diz ainda a tradição que ele nasceu em Belém e morreu em Nazaré. Sua presença não é citada pelos evangelistas durante as pregações de Jesus e nem no seu martírio, o que leva a crer que ele já havia morrido quando Jesus iniciou sua vida pública.

A partir da Idade Média a Igreja valorizou a figura de José, reconhecendo-o oficialmente como um importante santo do catolicismo. O Papa Pio IX o declarou padroeiro da Igreja (1870) e também foi designado como "advogado dos lares cristãos" e "modelo dos operários".

A devoção a São José chegou ao Brasil junto com os portugueses. As primeiras igrejas construídas no país, no período de colonização, tinham nichos com sua imagem. É o santo protetor dos carpinteiros, dos lares católicos e da justiça social. É para ele que se deve rezar pedindo para ser amparado(a) na hora da morte.

Em 1955, São José foi homenageado pelo Papa Pio XII, tornando-se exemplo de trabalhador. Também passou a ser chamado, por seus devotos, de São José Operário, e a data comemorativa é 1º de maio (Dia do Trabalho).

As principais festividades dedicadas a São José no Brasil ocorrem mesmo em 19 de março. Nesse dia ele é lembrado em todas as paróquias, independentemente do santo que lhes dá o nome.

Em sua imagem ele é representado carregando o Filho Jesus ao colo, representando sua missão de educar e cuidar de Jesus. Em outras imagens ele aparece segurando lírios, que são símbolo da paz. Outra representação é calçando botas, em vez de sandálias – São José das Botas. Trata-se de uma homenagem à peregrinação do santo, que conduziu Maria e Jesus na fuga para o Egito.

Também é motivo de devoção ao santo o "Cordão de São José", usado para a cura de doenças e também para livrar os devotos de aflições. Teve origem após um milagre realizado por São José no século XVII, na Bélgica.

No Convento das Agostinianas da cidade de Anvers vivia uma freira chamada Isabel Sillevorts, que sofria de cálculo renal. Como o tratamento não fazia efeito, ela pediu que um sacerdote benzesse um cordão e o amarrou no corpo. Abandonou os remédios, iniciou uma novena para São José. Dias depois ficou curada. A Igreja permitiu a devoção ao "Cordão de São José" e autorizou a fundação de confrarias dedicadas a propagar esse episódio do milagre (1649).

Novena de São José

1º dia

Iniciemos com fé este primeiro dia de nossa novena, invocando a presença da Santíssima Trindade: em nome do Pai e do Filho e do Espírito Santo. Amém.

Leitura do Evangelho: Mt 1,19-21

> José, seu marido, sendo homem justo e não querendo denunciá-la, resolveu abandoná-la em segredo. Mas enquanto assim pensava, eis que um anjo do Senhor lhe apareceu em sonho e disse: "José, filho de Davi, não tenhas medo de receber Maria, tua esposa, pois o que nela foi gerado vem do Espírito Santo. Ela dará à luz um filho, e tu lhe porás o nome de Jesus. É Ele que salvará o povo de seus pecados".

Reflexão

Naquela época o noivado na Galileia durava um ano. O compromisso de fidelidade entre os noivos equivalia, em termos jurídicos, ao do matrimônio. José e Maria estavam noivos, e ele tinha o direito de repudiá-la, considerando que ela havia praticado adultério. Por ser justo, pensou abandoná-la em segredo, saindo da cidade, pois percebeu que, terminando o noivado, poderia lançar sobre Maria a suspeita de adultério. Mas José era um homem religioso, com muita fé em Deus. Tendo recebido a visita de um anjo em sonho, anunciando a gravidez secreta de Maria, mesmo confuso aceitou a missão que lhe foi conferida, tornando-se pai adotivo de Jesus.

Oração

Amado São José, vós que, com vossa fé em Deus, permitistes tornar possível algo humanamente impossível, vinde em meu auxílio neste momento tão difícil de minha vida. Alcançai-me a graça de que muito necessito... (mencionar a graça desejada).

Pai-nosso.

Ave-Maria.

Glória-ao-Pai.

São José, rogai por nós.

2º dia

Iniciemos com fé este segundo dia de nossa novena, invocando a presença da Santíssima Trindade: em nome do Pai e do Filho e do Espírito Santo. Amém.

Leitura do Evangelho: Mt 1,24

Quando acordou, José fez como o anjo do Senhor lhe tinha mandado e aceitou sua mulher. E não teve relações com ela até que ela deu à luz um filho, a quem ele pôs o nome de Jesus.

Reflexão

José amparou e apoiou Maria durante a gestação de Jesus. Depois que Jesus nasceu, tornou-se um exemplo de pai, recebendo o Menino com muito afeto e dedicação. Ensinou sua profissão a Jesus, e sempre agiu com muita bondade e fé.

Oração

Glorioso São José, envolvei-me e iluminai-me com o amor e a compreensão com os quais conduzistes a vida terrena com Jesus e Maria. Rogo por vossa ajuda no alcance da graça de que necessito... (dizer a graça a ser alcançada).

Pai-nosso.
Ave-Maria.
Glória-ao-Pai.
São José, rogai por nós.

3º dia

Iniciemos com fé este terceiro dia de nossa novena, invocando a presença da Santíssima Trindade: em nome do Pai e do Filho e do Espírito Santo. Amém.

Leitura do Evangelho: Mt 2,13-15

> Depois que partiram, um anjo do Senhor apareceu em sonho a José e disse: "Levanta-te, toma o Menino e sua mãe, foge para o Egito e fica lá até que eu avise, pois Herodes vai procurar o Menino para o matar". José

levantou-se, tomou o Menino e sua mãe e partiu de noite para o Egito. E ali ficou até a morte de Herodes, a fim de que se cumprisse o que o Senhor falou pelo profeta: "Do Egito chamei meu filho".

Reflexão

Mais uma vez José recebe uma mensagem em sonho, para proteger Jesus e Maria. O aviso aconselha-o a fugir da perseguição de Herodes, rei que se sentia ameaçado com a possibilidade de perder o trono para o Filho de Deus, e mandou matar todos os meninos até dois anos de idade. José sofre com Maria, foge para o Egito para proteger Jesus. Na Igreja Católica São José é visto como o patriarca da família, exemplo de pai dedicado e justo.

Oração

São José, patriarca nosso, suplico-vos força neste momento. Assim como outrora salvastes Jesus, imploro-vos pelo alcance da graça tão desejada... (mencionar a graça a ser alcançada).

Pai-nosso.

Ave-Maria.

Glória-ao-Pai.

São José, rogai por nós.

4º dia

Iniciemos com fé este quarto dia de nossa novena, invocando a presença da Santíssima Trindade: em nome do Pai e do Filho e do Espírito Santo. Amém.

Leitura do Evangelho: Mt 2,19-21

> Quando Herodes morreu, um anjo do Senhor apareceu em sonho a José no Egito e disse: "Levanta-te, toma o Menino e sua mãe e volta para a terra de Israel, pois já morreram os que procuravam matar o Menino". José levantou-se, tomou o Menino e sua mãe e foi para a terra de Israel.

Reflexão

Foi por meio de sonhos que José recebia mensagens divinas para proteger sua família. José tomou importantes decisões baseadas em seus sonhos que protegeram

Jesus. Ele era fiel a Deus, ouvia, aceitava e obedecia ordens divinas.

Oração

Bondoso São José, ajudai-me a confiar cada vez mais em nosso Pai Celestial e a atender a seus chamados. Alcançai-me a graça de que tanto necessito... (mencionar a graça a ser alcançada).

Pai-nosso.

Ave-Maria.

Glória-ao-Pai.

São José, rogai por nós.

5º dia

Iniciemos com fé este quinto dia de nossa novena, invocando a presença da Santíssima Trindade: em nome do Pai e do Filho e do Espírito Santo. Amém.

Leitura do Evangelho: Mt 2,22

> Mas, tendo ouvido que Arquelau reinava na Judeia em lugar de seu pai Herodes, teve medo de ir para lá. Avisado em sonho, retirou-se para a região da Galileia. Foi morar numa cidade chamada Nazaré, para que se

cumprisse o que foi dito pelos profetas: "Será chamado nazareno".

Reflexão

A influência de São José na vida de Jesus foi grande. Ele tornou-se um pai dedicado, procurando livrar Maria e o Menino Jesus do que representava um perigo para eles. José ajudou no cumprimento das profecias a respeito do Messias que viria ao mundo e seria conhecido como Nazareno.

Oração

São José, protetor nosso, a vós recorro e suplico proteção. Dai-me fé e paciência para esperar pelas respostas aos meus pedidos. Eu vos peço... (fazer o pedido da graça a ser alcançada).

Pai-nosso.

Ave-Maria.

Glória-ao-Pai.

São José, rogai por nós.

6º dia

Iniciemos com fé este sexto dia de nossa novena, invocando a presença da Santíssima Trindade: em nome do Pai e do Filho e do Espírito Santo. Amém.

Leitura do Evangelho: Lc 2,40

> O Menino crescia e se fortalecia, cheio de sabedoria, e a graça de Deus estava com Ele.

Reflexão

Toda a educação e as necessidades de Jesus foram supridas por José. Ele foi escolhido para exercer a paternidade do Menino, visto que era um homem que respeitava a todos e cumpria os mandamentos de Deus. Jesus correspondia à atenção dos seus pais, respeitando-os e sendo-lhes obediente.

Oração

Bondoso patriarca São José, consolador dos aflitos, obtende-me paciência e fortaleza nos sofrimentos e tribulações da vida. Alcançai-me a graça que vos suplico... (mencionar a graça a ser alcançada).

Pai-nosso.

Ave-Maria.

Glória-ao-Pai.

São José, rogai por nós.

7º dia

Iniciemos com fé este sétimo dia de nossa novena, invocando a presença da Santíssima Trindade: em nome do Pai e do Filho e do Espírito Santo. Amém.

Leitura bíblica: Fl 4,6

> Não vos inquieteis por coisa alguma. Em todas as circunstâncias apresentai a Deus as vossas necessidades em oração e súplica, acompanhadas de ação de graças.

Reflexão

A oração nos consola e faz encontrar novos sentidos para a vida, quando nos encontramos em desespero. São José foi homem piedoso, de muita fé e, provavelmente, orava muito. Invoquemos a São José, pedindo que nos ilumine nas horas de dificuldade.

Oração

São José, ajudai-me a orar sempre e a acreditar nos poderes divinos. Ajudai-me a reconhecer que não estou só, que Jesus sempre me ampara. Peço-vos que... (falar a graça que deseja).

Pai-nosso.

Ave-Maria.

Glória-ao-Pai.

São José, rogai por nós.

8º dia

Iniciemos com fé este oitavo dia de nossa novena, invocando a presença da Santíssima Trindade: em nome do Pai e do Filho e do Espírito Santo. Amém.

Leitura bíblica: Sl 23,4

> Ainda que eu ande por um vale de espessas trevas, não temerei mal algum, porque Tu estás comigo; teu bastão e teu cajado me confortam.

Reflexão

Ao enfrentar uma situação de desespero, de sofrimento, vamos orar e pedir coragem a Jesus, para aceitar o que estiver por vir. Ele sempre nos conforta, estando presente em todos os momentos de nossa vida.

Oração

Querido São José, ajudai-me a ter paz, lembrando-me do Evangelho, das passagens bíblicas, encontrando um sentido para a minha vida. A vós suplico que... (falar a graça que se quer alcançar).

Pai-nosso.

Ave-Maria.

Glória-ao-Pai.

São José, rogai por nós.

9º dia

Iniciemos com fé este nono dia de nossa novena, invocando a presença da Santíssima Trindade: em nome do Pai e do Filho e do Espírito Santo. Amém.

Leitura do Evangelho: Mc 9,23

Tudo é possível para quem tem fé.

Reflexão

O evangelista mostra nesta passagem bíblica o poder da fé em Deus. José tinha fé, acreditou em Deus, cumprindo a missão que a ele foi atribuída: ser o pai adotivo de Jesus.

Oração

Glorioso São José, vós que aceitastes e compreendestes a grande missão a vós atribuída, amparando e apoiando Maria durante toda a gravidez e tornando-se um pai exemplar para Jesus, vinde em meu socorro, pois muito necessito de vós, especialmente neste momento difícil... (falar o que está acontecendo e pedir a graça a ser alcançada).

Pai-nosso.

Ave-Maria.

Glória-ao-Pai.

São José, rogai por nós.

Orações a São José

Oração 1 (Para momento de dificuldade)

Ó glorioso São José, vinde em nosso auxílio nas dificuldades em que nos achamos. Tomai sob vossa proteção a causa importante que vos confiamos. Ó São José muito amado, em vós depositamos toda a nossa confiança. Que ninguém jamais possa dizer que vos invocamos em vão. Vós que tudo podeis junto de Jesus e Maria, mostrai-nos vossa bondade, atendendo a nossa prece. São José, rogai por nós. Amém.

Oração 2

Rogamos por vossa ajuda, poderoso São José, exemplo de humildade e amor a Deus. Derramai sobre nossas cabeças as qualidades que fizeram parte de vossa vida: compreensão, afeto, pureza e dedicação ao trabalho e à família. Pedimos que apresenteis nossas súplicas ao Pai Eterno, cujo Filho Divino foi na Terra por vós amparado (mencionar as graças a serem alcançadas).

Oração 3

Vós que viajastes pelo Egito conduzindo a Sagrada Família, enfrentando todas as adversidades, dai-me, como vós tivestes, muita saúde para enfrentar as peregrinações que a vida me impõe. Vós que, com o trabalho árduo de carpinteiro, sustentastes a Sagrada Família, dai-me serviço para que a ociosidade e o desemprego não me aflijam e para que sempre eu me coloque no serviço do Senhor.

Vós que soubestes aceitar com humildade e resignação os desígnios de Deus, dai-me a mesma sabedoria que tivestes, para que eu tenha a humildade e a alegria necessárias para servir a Deus neste mundo. Pois, com saúde, trabalho e sabedoria, nada mais me faltará. E assim poderei, como vós, servir cada dia mais ao Senhor, nosso Deus. São José, valei-me.

Oração 4

São José, intercessor das famílias por excelência, eu vos recebo como pai desta família. Ensinai-me, São José, a amar, a orar, a falar, a trabalhar como ensinastes a Jesus.

Peço-vos especialmente pela salvação de... (dizer o nome da pessoa por quem se pede). Libertai-o(a), São José, das amarras do inimigo e fazei-o(a) servir a Deus como o senhor o serviu.

Oração 5 (Para encontrar emprego)

São José, venho suplicar-vos forças em minha jornada. Vós, que sois só bondade, ajudai-me a encontrar um novo emprego. Vós, que sois só fé, auxiliai-me em minha difícil decisão. Vós, que sabeis trilhar o caminho da luz, ajudai-me a lidar com um patrão que faz mau uso do poder e maltrata seus funcionários. Vós, que sois pai, intercedei por mim ao abençoado Jesus para que eu alcance o emprego de que necessito.

Ladainha de São José

Senhor, tende piedade de nós.
Jesus Cristo, tende piedade de nós.
Senhor, tende piedade de nós.

Jesus Cristo, ouvi-nos.
Jesus Cristo, atendei-nos.

Pai Celeste, que sois Deus, tende piedade de nós.
Deus Filho, redentor do mundo, tende piedade de nós.
Deus Espírito Santo, tende piedade de nós.
Santíssima Trindade, que sois um só Deus, tende piedade de nós.

Santa Maria, rainha dos mártires, rogai por nós.

São José, pai adotivo de Jesus, rogai por nós.

São José, senhor de humildade e de amor, rogai por nós.

São José, escolhido por Deus, rogai por nós.

São José, fiel guardião de Jesus, rogai por nós.

São José, conforto e amparo de Maria, rogai por nós.

São José, fiel e prudente, rogai por nós.

São José, que ouviu e cumpriu as mensagens divinas, rogai por nós.

São José, puro de coração, rogai por nós.

São José, santo paciente, rogai por nós.

São José, santo corajoso, rogai por nós.

São José, santo caridoso, rogai por nós.

São José, santo patriarca nosso, rogai por nós.

São José, santo da bondade, rogai por nós.

São José, santo poderoso, rogai por nós.

São José, santo que aceitastes e compreendestes a grande missão divina, rogai por nós.

São José, intercessor nosso junto a Deus, rogai por nós.
São José, padroeiro da Igreja, rogai por nós.
São José, advogado dos lares cristãos, rogai por nós.
São José, modelo dos operários, rogai por nós.
São José, protetor dos carpinteiros, rogai por nós.
São José, protetor da justiça social, rogai por nós.
São José, protetor dos trabalhadores, rogai por nós.
São José, protetor na hora da morte, rogai por nós.

Cordeiro de Deus, que tirais o pecado do mundo, perdoai-nos, Senhor.
Cordeiro de Deus, que tirais o pecado do mundo, ouvi-nos, Senhor.
Cordeiro de Deus, que tirais o pecado do mundo, tende piedade de nós.

Jesus Cristo, ouvi-nos.
Jesus Cristo, atendei-nos.

Rogai por nós, São José,
para que sejamos dignos das promessas de Cristo.

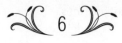

6

TERÇO DE SÃO JOSÉ

1) Substituir o "Pai-nosso" por "Meu glorioso São José, nas vossas maiores aflições e tribulações, o anjo não vos valeu? Valei-me, São José".

2) Substituir as "Ave-Marias" por "São José, valei-me!"

3) Concluir o terço com este oferecimento: "Ofereço este terço em louvor e glória de Jesus, Maria e José, para que sejam minha luz, meus guias, proteção, defesa, amparo e fortaleza em todos os meus trabalhos, atribuições e agonias. Pelo nome de Jesus e pela glória de Maria, peço-vos que me alcanceis a graça... (faça o pedido). Advogai pela minha causa, falai em meu favor no céu e na terra, para a honra e a glória de Jesus e de Maria. Assim seja".